Ingrid Uebe

Kleiner Fuchs, bleibst du bei uns?

Mit Bildern von Wolfgang Slawski

Hase und Igel®

Für Lehrkräfte gibt es zu diesem Buch
ausführliches Begleitmaterial beim Hase und Igel Verlag.

Sonderausgabe mit Silbenhilfe

© 2010 / 2021 Hase und Igel Verlag GmbH, Frei-Otto-Straße 18,
80797 München, service@hase-und-igel.de
www.hase-und-igel.de
Lektorat: Elena Andrae, Mareike Dreizner
Druck: Grafisches Centrum Cuno GmbH & Co. KG, Gewerbering West 27,
39240 Calbe (Saale), info@cunodruck.de

ISBN 978-3-86316-161-3
3. Auflage 2025

Inhalt

1. Gefahr im Verzug

Kleiner Fuchs liegt warm und weich
bei seiner Mutter
und seinen Geschwistern
im dämmrigen Fuchsbau.
Er ist satt und zufrieden.

Schlafen die anderen schon?
Kleiner Fuchs hebt den Kopf.
Das erste Morgenlicht
fällt bereits durch den Eingang.
Ein aufregender Duft weht herein –
ein Duft nach Frühling und Freiheit.

Kleiner Fuchs will mehr davon.
Am liebsten sofort!
Er hebt den Kopf höher.
Aber da legt sich eine große Pfote
sacht auf seinen Rücken.

„Bald, mein Schatz", sagt die Mutter,
„bald darfst du draußen spielen.
Aber noch rührst du dich nicht
von der Stelle!"

Kleiner Fuchs kuschelt sich
dichter in ihren Pelz.
Sie fährt ihm zärtlich
mit der Zunge über den Kopf.
„Schlaf gut", sagt sie leise,
„und träum süß!"

Aber plötzlich
schreckt Kleiner Fuchs auf.
Er hat etwas gehört
und er hört es immer noch:
ein Schnüffeln und Hecheln,
ein Kratzen und Scharren.

Am Eingang macht sich
jemand zu schaffen,
der dort nichts zu suchen hat.

„Hörst du das, Mama?",
flüstert Kleiner Fuchs.

Auch seine Geschwister
sind aufgewacht.
Sie winseln und wimmern.

Der Fremdling will herein.
Doch er passt zum Glück
nicht durch den Eingang.
Trotzdem gibt er nicht auf.
Aus dem Wald
ertönt jetzt ein Pfiff.
Da zieht sich der Eindringling zurück.

9

„Na endlich!",
seufzt Kleiner Fuchs.
„Wer war das?"

Die Augen der Mutter
funkeln im Morgenlicht.
„Ein Hund!", stößt sie hervor.
„Wir müssen hier weg!"

„Weg?", fragen die Kinder.
„Wohin denn? Warum denn?"

„Der Hund weiß nun,
wo wir wohnen",
antwortet die Mutter.
„Bestimmt gehört er dem Jäger,
der nach uns sucht."

„Was machen Jäger denn?",
fragen die Kinder.

„Sie schießen auf Füchse",
erklärt die Mutter.
„Deshalb müssen wir
unseren schönen Bau
schleunigst verlassen!"

2. Armer Kleiner Fuchs!

Mutter Fuchs hat es
auf einmal sehr eilig.
Sie will ihre Kinder
so schnell wie möglich
in Sicherheit bringen.
Aber das ist nicht so leicht!
Die Kleinen sind erst drei Wochen alt
und können noch gar nicht laufen.

„Ich trage euch alle der Reihe nach
in ein gutes Versteck",
erklärt die Mutter.
„Ein neues Zuhause
suchen wir uns später."

Kleiner Fuchs sagt:
„In Ordnung, Mama.
Dann fang mit mir an!"

Seine Mutter packt ihn
mit den Zähnen im Nacken
und trägt ihn hinaus.

Oh, wie hell ist der Tag!
Oh, wie schön ist der Wald!
Oh, wie weit ist die Welt!
Kleiner Fuchs schaut sich um,
so gut er kann.

Leider macht die Mutter schon halt
und lässt ihn am Wegesrand
in einen Graben gleiten.
Da liegt es sich gut.
Nur die Aussicht ist schlecht.

„Hier wartest du,
bis ich wiederkomme!",
bestimmt die Mutter.
„Ich hole jetzt den Nächsten.
Dann seid ihr zu zweit.
Für eine kleine Weile bist du allein.
Das musst du aushalten!
Ich bin bald zurück, versprochen!"

Kleiner Fuchs fühlt,
wie sein Herz klopft.
Aber er jammert nicht.
Er vertraut seiner Mutter.
Was sie versprochen hat,
wird sie auch halten!

Er hört Laute,
die er noch nie gehört hat:
das Rauschen der Bäume,
das Zwitschern der Vögel,
den Ruf des Kuckucks,
das Quaken der Frösche.
All das vertreibt ihm die Zeit.

Doch dann fällt ein Schuss!
Kleiner Fuchs weiß nicht,
was das bedeutet.
Aber der scharfe Knall
macht ihm Angst.
Er duckt sich tief in den Graben.
Wann kommt seine Mutter zurück?
Wann hält sie,
was sie versprochen hat?

Kleiner Fuchs wartet
Stunde um Stunde.
Er friert und hat Hunger.
Es wird Mittag und Abend.
Seine Mutter kommt nicht zurück.

Ach, armer Kleiner Fuchs!
Der Jäger hat sie erschossen.

3. Erste Hilfe

Als es dunkel wird,
beginnt Kleiner Fuchs zu jammern.
Er kann nicht anders!
Er jammert und winselt und schreit,
lauter und lauter.
Hört ihn denn niemand?

Oh doch!
Vier Menschen sind unterwegs:
zwei Kinder mit ihren Eltern.
Sie haben im Dorf
die Oma besucht
und wandern nun heimwärts.

Die Kinder heißen Mia und Tom.
Sie finden die Wanderung
durch den nächtlichen Wald
sehr schön und sehr spannend.
Das Licht ihrer Taschenlampen
huscht über Büsche und Bäume.
Es zeigt ihnen den Weg.

Plötzlich
macht Mia halt.
„Hört ihr das?",
fragt sie.
„Wer schreit denn da?
Ist das ein Kätzchen?"

Nun bleiben sie alle stehen
und lauschen.

„Es kommt aus dem Graben",
sagt Papa. „Leuchtet mal rein!"

Mia und Tom gehorchen.
Na, so was,
da liegt ein winziger Fuchs!
Seine goldenen Augen funkeln
im Schein der Taschenlampen.

„Armes Tierchen!", ruft Tom.
„Was machst du denn da?"

„Ich fürchte das Schlimmste",
meint Mama.
„Wahrscheinlich lebt
seine Mutter nicht mehr.
Ich habe heute Morgen
ein paar Schüsse gehört."

„Ich auch", nickt Papa.
„Der neue Jagdpächter
hält nichts von Füchsen,
das weiß ich."

„Der alte war nett", sagt Mia.
„Er hat unsere Klasse
im letzten Herbst
durch den Wald geführt
und uns alles erklärt."

„Hört auf zu reden!", ruft Tom.
Er schluckt
und kämpft mit den Tränen.
„Wir müssen was tun!
Wir können den Winzling
doch nicht einfach hier liegen lassen!"

„Wir nehmen ihn mit", sagt Mama.

„Dazu brauchen wir eigentlich
die Erlaubnis des Jagdpächters",
meint Papa.

Mama schüttelt den Kopf.
„So viel Zeit haben wir nicht.
Das Baby ist schon ganz schwach!
Es muss dringend gewärmt
und gefüttert werden."
Sie zieht ihre Strickjacke aus
und wickelt das Fellknäuel hinein,
ohne es zu berühren.
„Keine Angst, kleiner Fuchs!",
flüstert sie freundlich.
„Es soll dir gut gehen bei uns!"

4. Katzenmilch und Fencheltee

Kleiner Fuchs versteht nicht,
was die Menschen reden.
Er hat keine Ahnung,
was sie mit ihm vorhaben.
Aber er genießt die Wärme
unter der Strickjacke.

Er mag es,

wie die fremde Frau ihn im Arm hält.

Er hofft,

dass sie ihm bald zu trinken gibt.

Und Kleiner Fuchs

hofft nicht vergebens!

Er hat wirklich Glück gehabt.

Die Mama von Mia und Tom

hat früher als Helferin

bei einem Tierarzt gearbeitet.

Sie weiß,

wie man mit Fuchsbabys umgeht.

Sie wohnt mit ihrer Familie

in einem hübschen Haus

am Waldrand.

Dort wird Kleiner Fuchs
mitsamt der Strickjacke
in ein Körbchen gelegt.
Das gehört eigentlich der Katze Lissi.

Aber Lissi ist eine nette Katze
und zieht sich verständnisvoll
aufs Sofa zurück.

„Und jetzt?", fragt Tom.
„Was geben wir dem Fuchskind
zu fressen?"

„Es kann nur trinken", sagt Mama.
„Ich glaube,
ich weiß auch schon, was!"
Sie holt aus dem Keller
eine Flasche Katzenmilch.
Mit dieser Milch hat sie im Winter
die winzige Lissi ernährt.
Jetzt mischt sie
noch etwas Fencheltee dazu.

Anfangs will Kleiner Fuchs
nicht trinken.
Das Fläschchen erschreckt ihn.
Der Sauger stört ihn.
Milch mit Fencheltee
schmeckt ihm nicht.
Doch dann siegt der Hunger!
Kleiner Fuchs leckt und schleckt,
schmatzt und saugt.
Er trinkt das Fläschchen leer
bis auf den letzten Tropfen.

„Na, siehst du", sagt Mama zufrieden.
„Und jetzt gute Nacht!"

Kleiner Fuchs liegt ganz still
in seinem warmen Nest.

Alle sehen ihm an,
dass er sich wohlfühlt.
So wohl, dass er einschläft.
Mia und Tom decken ihn
vorsichtig zu.

5. Kleiner Fuchs stellt alles auf den Kopf

Kleiner Fuchs
mag sein neues Zuhause
und seine neue Familie.
Lissi bewacht ihn.
Mia und Tom streicheln ihn.
Mama gibt ihm zu trinken.
Papa zeigt ihm das Haus.

Wenig später klettert Kleiner Fuchs
über den Körbchenrand
und macht seine ersten Schritte.
Oh, wie anstrengend!
Oh, wie aufregend!
Oh, wie toll!
Bald erforscht Kleiner Fuchs
jedes Zimmer.

Alle sind ganz begeistert.
Wenn auch nicht lange!
Zwei Tage später zerkaut er
nämlich Papas Schuh.
Er zerfetzt Mias Schreibheft
und verschleppt Toms Socken.

Anschließend holt er
Mamas saubere Wäsche
aus dem Korb
und verteilt sie
im ganzen Haus.

Richtig böse sein kann ihm niemand.
Mama seufzt nur.
Papa schüttelt den Kopf.
Mia und Tom lachen.

Mittags bekommt Kleiner Fuchs
zum ersten Mal ein paar Bröckchen
von Lissis Dosenfutter.
Mhm, das ist köstlich!

Nachmittags besucht Kleiner Fuchs
mit Mama und den Kindern
den Tierarzt.
Er wird untersucht und geimpft.
Beides gefällt ihm gar nicht.
Mama streichelt ihn
und krault seinen Rücken.
Da hält er durch.

6. Waldspaziergang

Am Sonntag sitzt die Familie
lange beim Frühstück.
Kleiner Fuchs verschlingt
gierig ein rohes Ei
mitsamt der Schale
und danach
eine Weintraube.

Später sagt Papa:
„Jetzt machen wir alle
einen schönen Spaziergang.
Unser Freund soll den Wald
nicht vergessen."

Mama holt schnell
Halsband und Leine,
die sie extra besorgt hat.

Kleiner Fuchs findet die Sachen
sehr lästig.
Doch er wehrt sich vergeblich.
Vor der Tür gibt es zum Glück
eine Menge zu sehen,
zu riechen und zu entdecken.
Kleiner Fuchs untersucht
alles sehr gründlich.

46

Es dauert, bis sie im Wald sind.
Genau wie Mama und Papa
haben Mia und Tom nur Augen
für das neugierige Kerlchen,
das nun brav an der Leine geht.
Keiner sieht den Jäger
mit seinem Hund.

Erst als er sie anspricht,
bemerken sie ihn.
„Was machen Sie da?",
fragt der Jäger.
Es klingt gar nicht freundlich.
Kleiner Fuchs legt sich
gleich platt auf den Boden.

Papa sagt:
„Wir gehen spazieren."

Der Jäger runzelt die Stirn.
„Wissen Sie überhaupt,
was Sie da an der Leine haben?"

„Klar!", nickt Papa.
„Sie etwa nicht?"

„Soll das ein Witz sein?",
knurrt der Jäger.
„Natürlich kenne ich Füchse!
Es gibt in diesem Wald
viel zu viele davon.
Sie sind eine Gefahr
für Menschen
und für andere Tiere!"

Papas Stimme klingt ernst:
„Es gibt Jäger,
die Ihre Meinung nicht teilen."

Mama bückt sich
und nimmt ihren Schützling
schnell auf den Arm.
„Dieses Baby hat keine Mutter mehr",
sagt sie bestimmt.
„Deshalb bleibt es bei uns."

Der Jäger schaut ihnen finster nach.
Aufhalten kann er sie nicht.

7. Kein Hausfuchs

Kleiner Fuchs wird jeden Tag
frecher und schlauer.

Mia sagt: „Wir haben jetzt
einen richtigen Hausfuchs!"

Tom sagt: „Den geben wir
nie wieder her!"

Papa sieht die Kinder
nachdenklich an und meint:
„Leider müssen wir uns
irgendwann von ihm trennen."

Mama nickt und ergänzt:
„Eines Tages wird unser Freund
selbst entscheiden,
ob er geht oder bleibt."

So geht der Sommer dahin.
Kleiner Fuchs sitzt nun oft
auf der Fensterbank
und sieht in den Garten.
Er hält Ausschau nach allem,
was sich bewegt.
Einmal sieht er,
wie Lissi im Gras eine Maus fängt.
Da erfasst ihn
eine gewaltige Aufregung.
Man merkt, dass er am liebsten
durch die Fensterscheibe
hinaus in den Garten will.

„Seht ihr", sagt Mama,
„er ist doch kein Hausfuchs,
sondern ein Wildtier!
Vermutlich wird es bald Zeit,
Abschied zu nehmen."

Papa nickt.
„Aber wir wollen die Sache
nicht überstürzen!
Er muss sich ganz langsam
an die Freiheit gewöhnen.
Am besten schafft er das
in einem Freigehege
hinter dem Haus."

Papa hat immer gute Ideen
und zum Glück auch noch
zwei geschickte Hände.
„Weißt du was, kleiner Fuchs?",
sagt er fröhlich.
„Ich baue dir eine eigene Wohnung!"

Schon am nächsten Tag
fährt er mit dem Auto in die Stadt
und holt, was er braucht:
Holzpfosten, Maschendraht
und Platten fürs Dach.
Mia und Tom helfen beim Ausladen.

Kleiner Fuchs sitzt drinnen im Haus
auf der Fensterbank
und schaut neugierig zu.

8. Abschied

Kleiner Fuchs wohnt nun
in seinem Außengehege
am Ende des Gartens.
Es gefällt ihm dort sehr gut.

Zwischen Schlafplatz
und Futterplatz
gibt es viel zu entdecken.
Und die Aussicht ist toll!
Manchmal blickt Kleiner Fuchs
zum Haus hinüber.
Aber zurück will er nicht.

Mia und Tom besuchen ihn oft.
Natürlich freut er sich,
wenn er sie sieht –

erst recht, wenn sie ihm
sein Futter bringen.
Die Portionen werden allerdings
von Tag zu Tag kleiner.
Mit Absicht!
Denn Kleiner Fuchs soll merken,
was Hunger ist.
Er muss lernen, sich seine Nahrung
selbst zu beschaffen.
Sonst kann er im Wald nicht überleben.

Papa schlägt vor,
die Tür des Außengeheges
einen Spalt offen zu lassen.

Mama ist einverstanden.
Auch Mia und Tom stimmen zu.

Kleiner Fuchs beäugt
und beschnuppert die Tür.
Jeden Tag wird der Spalt
etwas größer.
Aber er wagt sich
noch nicht hindurch.

Eines Abends sitzt die Familie
auf der Terrasse hinter dem Haus.
Da geschieht es:
Kleiner Fuchs verlässt sein Gehege!
Auf der Wiese zögert er
einen Augenblick – dann läuft er davon.

Die vier Menschen blicken ihm nach,
halb traurig, halb froh.
Sie rufen: „Leb wohl!"
Und: „Pass gut auf dich auf!"

Kleiner Fuchs läuft und läuft.
Oh, wie rein ist die Luft!
Oh, wie gut riecht der Herbst!
Oh, wie schön ist der Wald!